AF502338

# L'ART DE SE DÉFENDRE.

A. GUYOT, Imprimeur du Roi,
Rue Neuve-des-Petits-Champs, 35.

# L'ART DE SE DÉFENDRE,

OU

## TRAITÉ DES PRINCIPES

# DU PUGILAT ANGLAIS

CONNU SOUS LE NOM DE BOXE,

CONTENANT

L'ancienne Théorie et la nouvelle, avec ses derniers perfectionnemens ; — une Méthode d'*entraînement*, c'est-à-dire, pour prédisposer le corps aux divers exercices gymnastiques, tels que la lutte, la course à pied, etc. ; — et enfin, des avis précieux pour l'entretien de la souplesse du corps et de la santé ;

**Orné de planches ;**

## Par R. COOTES,

Professeur de Londres.

# PARIS,

Chez KUGELMAN, Libraire, rue Jacob, 25.

**1843.**

2
1
4
3
Lith d'Auguste Bry

1

# TO ACHILLES M....., ESQ.

Sir,

In availing myself of your condescending permission to dedicate to you the following little work, I embrace the opportunity it affords of expressing the lively sense I entertain of the warm patronage conferred on me by yourself and, through your influence, by many of your countrymen.

Allow me, Sir, to acknowledge gratefully your having enabled me to offer to the French public a vindication as well as a theoretical exposition of English boxing, by so kindly devoting your valuable time and abilities to the translation of this comparatively trifling work. None but you, who have been such a proficient student of the manly art of self-defence, could successfully grapple with the technicalities of the subject, and make the fruit of my elucubrations palatable to fashionable readers. What you have done for me, Sir, I feel very deeply; and the honour conferred in France on me and the noble and national art I teach, will be the most gratifying reminiscence of my professional career.

Your most devoted and humble servant,

R. COOTES.

Paris, october 10 th., 1843.

# PRÉFACE.

En mettant ce petit Traité sous les yeux d'un public français, l'auteur sent qu'il a besoin de toute l'indulgence de ses lecteurs. Outre les difficultés du sujet en lui-même, il a tout l'embarras d'un homme inhabitué à rédiger ses idées avec suite et avec clarté. Un athlète n'est pas un écrivain, et il lui faut livrer avec la logique et la rhétorique un combat auquel ses études professionnelles l'ont mal préparé. Cependant, soutenu

par la bienveillance hospitalière que l'on m'a
montrée jusqu'ici, encouragé, sollicité même par
des protecteurs éclairés, qui daignent avoir en
moi plus de confiance que je n'en ai moi-même,
j'ai tenté de réduire en principes un art que
j'exerce et professe depuis longues années. Je ne
me dissimule pas qu'en cherchant à introduire
en France un genre d'escrime si nouveau, j'ai
contre moi un préjugé d'autant plus redoutable,
qu'il s'appuie sur un sentiment de dignité natio-
nale. Ce sentiment s'égare en ce point, comme
en beaucoup d'autres, nous ne craignons pas de
le dire, et le raisonnement en triompherait aisément s'il n'était pas toujours difficile, dangereux
quelquefois d'engager la lutte avec des instincts
passionnés, avec des erreurs invétérées. Nous
avouerons volontiers que les hommes qui ont
tenté jusqu'ici d'introduire en France le pugilat,
connu sous le nom de *boxe*, n'étaient peut-être
pas, par leurs mœurs ou leurs manières, dans les
conditions nécessaires pour détruire d'injustes
préventions. Mais il ne faut pas juger une classe
d'hommes honorables sur d'indignes échantillons,

et une profession qui peut citer parmi ses membres des noms tels que Spring, Crawley, Cribb, Langan, Belcher, Head, Jackson, Gully (1) et tant d'autres non moins éminens par leur moralité que par leur courage, cette profession, dis-je, a le droit de prétendre à l'estime publique.

D'ailleurs, il ne faut pas confondre l'art avec l'artiste. Un art peut bien perdre un peu de son lustre par l'indignité de ceux qui l'exercent; mais il ne perd pas son utilité. La généralité, et c'est le contraire qui est la vérité, la généralité des boxeurs pourrait être des citoyens peu recommandables sans qu'il fût pour cela moins avantageux de se servir avec force et habileté de ses armes naturelles.

---

(1) Ce dernier fut nommé membre du Parlement par un collège nombreux, qu'il représente dans la Chambre des communes avec la même droiture, la même dignité qu'il avait montrée dans sa carrière professorale. M. Gully, à la tête d'une fortune honorable, acquise dans sa profession, s'est retiré depuis quelques années dans sa terre située à **Pontefract**, dans le Yorkshire; il y jouit d'une estime profonde, tant parmi ses fermiers que parmi ses voisins les plus distingués.

A ceux d'ailleurs qui regardent le pugilat comme un exercice immoral et son enseignement comme un métier avili, nous rappellerons que cet art si décrié était en honneur aux plus beaux jours de l'antiquité. L'ancienne Grèce, à qui la civilisation actuelle aurait encore tant à envier, au point de vue surtout des arts libéraux et des exercices raisonnés du corps et de l'intelligence, voyait avec orgueil ses plus nobles, ses plus beaux jeunes hommes se livrer aux luttes du gymnase. Si l'ancienneté d'origine est une cause d'ennoblissement, certes, la *boxe* date ses lettres de noblesse d'une époque assez reculée, et si, dédaignant ses vieux parchemins, l'on exigeait d'elle des *preuves* plus nouvelles, ne compte-t-elle pas des souverains parmi ses protecteurs et ses adeptes, et n'a-t-elle pas les plus beaux noms d'Angleterre parmi ses patrons? Et puis un exercice dont les principes développent l'adresse et le courage, dont la pratique judicieuse (1) accroît la vigueur et conserve

---

(1) J'entends par pratique judicieuse de la boxe l'assaut régulier avec des gants inoffensifs destinés à cet usage.

la santé, ne se recommande-t-il pas assez de lui-même, et n'ai-je pas droit d'espérer que, touchés de ces considérations, tous les hommes de bonne foi se dépouilleront des préventions qu'ils pourront avoir contre la *boxe anglaise*, et d'adversaires mal informés, deviendront des défenseurs zélés, des amans dévoués, peut-être, de cette science mâle et utile.

Maintenant, non pour déployer une érudition aussi vaine que facile, mais pour constater l'origine de la boxe, nous allons chercher son berceau, suivre sa filiation dans les gymnases de l'antiquité.

Tous les auteurs éminens de l'ancienne Grèce, Pausanias, Pindare, Homère, ont célébré les jeux du cirque, en si grand honneur aux temps héroïques. Les exercices gymnastiques dont la tradition nous est parvenue, sont *le stade,* ou course à pied; *la palestre,* ou la lutte corps à corps, et *le ceste* (1). Ce dernier exercice se pratiquait avec les poings, armés d'une sorte de gantelet de cuir dur

---

(1) Je donne plus loin une description pittoresque et détaillée de cette arme redoutable.

et serré, garni intérieurement de plomb ou de fer
pour donner aux coups plus de pesanteur, mais
l'usage du *ceste* ayant souvent eu des résultats
meurtriers, on y substitua un autre exercice qui
tenait à la fois du *ceste* et de la *palestre*. Aristide
et Quintilien nous le signalent sous le nom de
*Pancratium* (1), et il faut remarquer qu'il se rapproche beaucoup plus de la boxe moderne qu'aucun des autres jeux gymnastiques. Cette science
nouvelle, combinée de la réunion des deux autres,
demandait aussi la réunion de plusieurs avantages.
L'athlète qui prétendait à y exceller, dit un savant
écrivain, devait se mouvoir avec agilité, lancer ses
coups avec rapidité et les asséner avec vigueur ; il
lui fallait aussi lutter corps à corps avec force et
souplesse, tenir au sol avec fermeté, tomber avec
adresse, et se relever avec énergie (2). Barthéle-
my, dans son voyage du jeune Anacharsis, nous
retrace en ces termes une lutte de ce genre : « Le

---

(1) Des mots grecs παν tout, et κρατειν vaincre.

(2) Les athlètes qui se distinguaient dans ce genre de lutte rece-
vaient chez les Grecs le titre de *pancratiastes*

« conibat fut bientôt terminé; un nommé Sostrate,
« athlète Sicyonien, célèbre, tant par le nombre
« de prix qu'il avait remportés, que par la force
« et l'habileté avec lesquels il les avait conquis,
« était arrivé de la veille. La plupart des combat-
« tans renoncèrent à toute prétention dès qu'il
« parut, les autres reconnurent sa supériorité à
« la première épreuve; car, dans les essais préli-
« minaires que les athlètes font de leurs forces en
« se prenant les mains, il serrait et tordait les
« doigts de son adversaire avec une puissance qui
« décidait à l'instant la victoire en sa faveur. »

Nous voyons aussi ce genre de spectacle en grand crédit chez les Romains. L'histoire nous apprend qu'ils étaient honorés de la présence des empereurs, qui bien souvent distribuaient les prix, et ils étaient l'amusement favori des héros les plus renommés, des sénateurs les plus illustres. Dans le Champ-de-Mars, la jeune noblesse romaine était exercée à toute sorte de tours d'agilité. Le *Pentathlum* ou *Quinquestium* était comme bien d'autres jeux emprunté à la gymnastique des Grecs. La gymnastique romaine se composait de cinq exercices, la course, la lutte, le saut, le jet du javelot et la *boxe* (1).

En se préparant au combat, les *pugilistes* employaient tous les moyens qu'ils croyaient les plus propres à les rendre gras et charnus (2), pour être plus en état de supporter les coups, d'où est venu l'épithète *pugiles*, donné d'ordinaire, selon Térence, aux personnes corpulentes.

De nos jours, le pugilat n'a pas été complètement négligé ; mais c'est chez la nation anglaise qu'on l'a plus particulièrement cultivé. Depuis le règne de Georges III jusqu'aujourd'hui, il n'a cessé de grandir dans l'esprit public. Au commencement du règne de ce monarque, il obtint des encouragemens de la noblesse, le patronage des personnages les plus éminens, la protection des autorités et même la faveur des souverains.

---

(1) Voir *Romæ antiquæ notitiæ*, page 247.

(2) On trouvera dans la *Théorie sur l'entraînement*, que nous développons dans le cours de l'ouvrage, un avis tout différent sur ce point. Nous croyons, en effet, que le système musculaire oppose aux coups et à la fatigue une résistance que l'embonpoint ne peut qu'affaiblir.

Sous Georges IV, son crédit, loin de décliner, grandit des suffrages du roi, qui était lui-même un boxeur de premier ordre. Étant prince de Galles, il assista de sa personne à un assaut public. Pendant le règne de Guillaume IV, comme aujourd'hui, les hommes les plus distingués, dans tous les rangs, lui ont continué leur patronage; preuve suffisante que notre art n'a pas dégénéré dans l'estime des hommes, puisqu'aux témoignages de l'antiquité se joignent les suffrages d'une nation civilisée et des personnages les plus distingués. Nous avons déjà signalé l'utilité d'un enseignement théorique du pugilat pour développer la confiance et, par suite, augmenter le courage naturel. Quant à ses effets salutaires, s'ils ne se faisaient pas suffisamment sentir, l'avis des médecins le plus en renom ne manquerait pas pour les attester.

Le célèbre Abernethy a souvent donné dans ses cours un tribut d'éloges à la *boxe*, et un jour il cita en chaire la carrière gymnastique de l'auteur comme preuve à l'appui de son opinion. Il rappela que M. Cootes avait fait plus de trois cents assauts de course à pied et de pugilat non seulement sans en éprouver d'indisposition, mais, loin de là, de l'avis du savant professeur, à l'immense profit de sa constitution. Il est de fait que pendant une période de quinze ans, il n'a jamais pris aucun médicament, si ce n'est les petites doses purgatives d'usage pendant les époques d'*entraînement*.

L'auteur fait observer en terminant, que les véritables amateurs ne boxent jamais pour des paris d'argent : il est donc inutile de surcharger ce petit livre de détails minutieux sur les règles observées en pareilles circonstances. Mon but a été de mettre sous les yeux d'un public élégant les principes d'un art mâle et utile ; ce but, j'ai mis tous mes efforts à l'atteindre, et je me trouverai heureux d'y être parvenu.

# LE CESTE.

Les anciens se servaient de plusieurs variétés de Cestes, que nous représentons ici sous les figures 1, 2, 3, 4.

La première représente le *Ceste* de l'effet le plus meurtrier; l'original en bronze a été trouvé dans les ruines d'Herculanum. Il est de proportions inusitées et semble dépendre de quelque statue de gladiateur armé pour le combat. Le *Ceste* se composait de fortes lanières de cuir superposées, unies étroitement et attachées à la main de manière à ne pas offenser le *méta-carpe*. Sa forme était circulaire. Les lutteurs se servaient aussi d'un gant de tricot très-épais terminé par une espèce de frange : c'est ce qu'ils appelaient le *Vellus* ( Voir le *Voyage pitto-resque de Naples et de Sicile*, par l'abbé Saint-Non ).

La figure 2 représente une autre espèce de Ceste, formidable assurément dans ses effets, mais moins homicide que le premier.

La figure 3 représente un *Ceste* à peu près semblable au précédent, et de nature à admi-nistrer un coup fatal. On en trouve le dessin dans le premier volume du *Musée de Bronzi*, où l'on voit Amycus, armé de ce genre de *Ceste*, dans son combat avec Pollux. La belle relation donnée par Théocrite de cette lutte fameuse est présente au souvenir de mes lecteurs érudits.

Bien que le *Ceste* représenté sous la figure 4

diffère des trois précédens, il n'en a pas moins l'aspect d'une arme très-meurtrière. Il a été copié d'après un bas-relief trouvé à Herculanum. L'abbé de Saint-Non en parle dans son *Voyage pittoresque*.

# L'ART DE BOXER.

Malgré la difficulté d'exceller dans l'art noble et mâle de se défendre, tel qu'il est enseigné par la généralité des professeurs, j'ai la confiance que mes lecteurs trouveront dans l'application de mes principes une modification importante de leur manière de boxer s'ils le savent déjà, ou, s'ils l'ignorent, les moyens de se défendre avec succès contre tout agresseur, même le plus robuste. Il ne manque pas de gens prêts à abuser de leur force physique, et à provoquer ceux sur lesquels ils se croient une supériorité marquée. C'est contre ceux-là, et en faveur des hommes courageux mais faibles, que notre art signale son utilité. L'adresse suppléant à la force, la suppléant avec avantage, voilà l'objet de notre enseignement.

Pour devenir un boxeur de premier ordre, trois qualités sont requises : *la science, la force et le courage*. Il est rare de réunir ces trois qualités, mais tout homme pourvu de l'une des deux dernières ne peut manquer de faire un utile emploi de la principale, c'est-à-dire *la science*.

La plupart des boxeurs actuellement en renom à Londres (le *Bell's Life* (1) en fait foi), se recommandent principalement par le savoir et le courage, car leur taille et leur poids ne sont rien moins qu'imposans. Ainsi, Noon, Owen

---

(1) Le *Bell's Life* est un journal hebdomadaire de Londres, destiné à recueillir les faits et à annoncer les nouvelles du *Sport*, mot générique qui comprend tous les jeux d'adresse et exercices du corps.

Swift (le prodige), Curtis (le favori), Walker.
Magragh, etc., etc., pèsent en moyenne 112
livres chacun, et quelques-uns ne vont pas à
plus de 100 livres, ce qui démontre que la force
n'est pas la qualité la plus essentielle. George
Head, mon parent et mon professeur, ne pesait
que 125 livres. Il fut le maître de T. Gregson,
dont le poids était de 188 livres, et la taille de
5 pieds 8 pouces; de Spring, champion d'Angleterre, et d'autres athlètes formidables de force
et de stature: eh bien! Head ne fut jamais vaincu,
et même il battit une fois Gregson, son élève
passé maître, malgré l'énorme différence de
leurs proportions. Je ne cite ces exemples que
pour faire voir les avantages précieux de la
*science*, mais j'exhorte mes lecteurs à n'en pas
faire un mauvais usage. La boxe, bien com-
prise, est une arme terrible à laquelle on ne doit
recourir que lorsqu'on y est absolument con-
traint.

Le grand monde a fourni et fournit encore
son contingent de boxeurs habiles. Parmi les

amateurs, notre art s'enorgueillit d'avoir à citer les plus beaux noms d'Angleterre : le roi
Georges IV (1), le comte Eldon, qui fut chan-
celier, lord Byron, le duc de Wellington, le
marquis de Waterford, le comte de Munster, sir
Robert Peel, le colonel Berkeley, un grand
nombre d'officiers de l'armée, de membres de la
magistrature et du barreau, une foule d'artistes
éminens et d'hommes distingués par leur rang,
leur fortune ou leurs talens. Le roi de Hollande
actuel, pendant son séjour à Londres, a payé à
ce noble exercice son tribut d'admiration, et je
suis fier de dire que la France elle-même l'a ac-

---

(1) Au couronnement de Georges IV, Sa Majesté vou-
lut que la principale entrée de Westminster fut gardée
par les premiers boxeurs de Londres, sous le comman-
dement de Cribb, alors champion d'Angleterre, à l'ex-
clusion de la force militaire ou de la police. Après la
cérémonie, le roi les fit remercier par un de ses minis-
tres, et ordonna qu'il leur fût distribué une médaille
commémorative; ils la reçurent après un somptueux
festin qui leur fut donné à cette occasion.

cueilli avec faveur et protection. A mon arrivée à Paris, j'ai trouvé chez plusieurs Français de distinction, et chez un noble lord dont ma reconnaissance discrète a peine à taire le nom, un patronage aussi bienveillant qu'éclairé. Omettant de citer les noms de ces amateurs élégans des exercices du corps, je puis dire, sans être taxé d'adulation, qu'ils se distinguent par une harmonie dans les mouvemens, une vigueur dans les proportions, une aisance dans la démarche, signes de force et de confiance. Cette force et cette confiance si désirables, ils les doivent à de mâles habitudes que l'on dédaigne trop aujourd'hui.

Nous ne prétendons pas que l'éducation physique doive prédominer sur l'éducation intellectuelle, mais nous affirmons qu'en maintenant une espèce d'équilibre entre le corps et l'esprit, l'un et l'autre ne peuvent qu'y gagner. La conservation de la santé, la prolongation de la vie, mille jouissances d'amour-propre et autres sont attachées à la pratique judicieuse et soutenue de certains exercices, sous la direction de professeurs éprouvés. Même au point de vue moral ou social, l'emploi méthodique des forces, tel que l'escrime, la lutte, et les différens genres de pugilat ont une utilité immense et qu'il est facile de démontrer.

La suppression radicale du duel est une utopie; l'abolition de cette justice plus prompte encore qu'on est souvent forcé de se faire soi-même en est une autre. Eh bien! le duel, cet appendice nécessaire et chevaleresque des tribunaux, serait rarement funeste si l'escrime était généralement répandue, et le pistolet flétri comme arme d'assassin. Le duel, qui n'est souvent qu'une forme, qu'une sanction de certaines règles posées par le monde pour maintenir le respect des hommes entre eux et des relations sociales; le duel, ce huis-clos protecteur de l'honneur des gens; ce juge discret, prompt, définitif de certains litiges qui ont besoin de hâte et de mystère, le duel perdrait son caractère atroce, et les mœurs y gagneraient. L'homme du peuple, lui, plus près de la nature et plus enclin à lui emprunter ses armes, trouverait dans la lutte ou le pugilat organisés, soumis à certaines règles, le moyen de terminer ses inévitables querelles, sans avoir recours au couteau meurtrier qui envoie journellement un des champions au cimetière, et l'autre en cour d'assises. Et dans ces cas fréquens d'insultes brutales que, dans ce temps d'égalité, l'homme du monde reçoit de l'homme du peuple, quel médiateur utile, indispensable quelquefois, qu'un poing solide et surtout adroit. Combien d'occasions où il est bon de pouvoir se faire une justice sommaire, sans invoquer l'action lente et solennelle du magistrat. Une poigne vigoureuse dans un homme de bonne compagnie est elle-même une magistrature éclairée, investie à la fois du double pouvoir de prononcer la sentence et de l'exécuter, pouvoir dont il n'use qu'à la dernière extrémité. On dira que ce système mène à l'abus de la force ; mais cet abus a existé et existera de tous temps. Il s'agit de le modifier, ne pouvant l'abolir ; et des réglemens sages, des usages quasi-chevaleresques, tels que ceux qui régissent la *boxe* en Angleterre, tendent à prévenir ou à empêcher la trahison, la lâcheté, la cruauté.

# Règles préliminaires.

Plaçons ici d'abord une observation essentielle qui relève la *boxe* de l'imputation d'usage barbare qu'on lui adresse si souvent. Ce sera en même temps une réponse à l'objection d'abus de la force que nous nous sommes posée nous-mêmes. On sait qu'en Angleterre on juge les forces avec une précision presque mathématique en prenant le poids comme base d'appréciation. Ainsi, à science ou adresse égale, un homme qui pèse 80 kilos doit battre nécessairement, en un temps donné, celui qui n'en pèse que 70. Or, dira-t-on, si A qui pèse 80 kilos insulte B qui n'en pèse que 70, B va être nécessairement insulté et battu. Mais les choses ne se passent pas ainsi. Il n'y aura aucune honte pour B à décliner le combat, et il trouvera, sans la moindre difficulté, un champion du poids de A qui se chargera de sa querelle. Voyez-vous ces barbares qui vont, sans passion, sans haine, sans colère, se charger d'une mission périlleuse dans l'unique but de protéger le faible contre le fort. Trouvez donc quelque chose de plus noble dans les usages de l'antique chevalerie.

Toutes les règles sont empreintes d'un sentiment de respect pour le malheur et la faiblesse. On ne doit pas frapper son adversaire à terre. Il suffit même que deux de ses membres aient touché le sol à la fois, tels qu'une main et un genou, ou les deux mains, ou les deux genoux, ou seulement une partie du corps pour que le combat soit suspendu. Les coups de pied, les morsures sont interdits ; la lutte corps à corps est seule permise. Frapper ou saisir son adversaire au-dessous de la ceinture est considéré comme une honte. En assaut ou combat pour un pari, chaque champion a droit à l'assistance d'un second et d'un autre ami qui tient la bouteille (1). Ils sont tous surveillés par deux arbitres et un tiers-arbitre (*referee*), choisis sur place. S'il se passe quelque chose de déloyal, on en réfère aux arbitres ; et s'ils n s'accordent pas, la décision du tiers-arbitre est souveraine, et tous les paris se paient selon qu'il a prononcé.

La première planche de la brochure indique la manière de se placer pour le combat. La jambe gauche en avant, le pied droit un peu en dehors sur la même ligne que le gauche, les genoux légèrement fléchis, prêts à servir alternativement d'appui au poids du corps qui doit se porter en avant ou en arrière selon les mouvemens de l'adversaire. Les poings soutenus à la hauteur du menton, les pouces se fesant face et se dépassant

---

(1) Cette bouteille contient un liquide réconfortant ; de l'eau-de-vie coupée d'eau, le plus souvent ; qui sert à la fois de lotion et de boisson pendant les pauses. On sait que le champion qui n'est pas en état de reprendre la lutte au bout de 3o secondes, est déclaré vaincu.

tour à tour d'une demi-longueur de bras par une oscillation lente et régulière, les coudes rapprochés du corps, toujours prêt pour l'attaque ou la défense. Les pieds appuyés sur le sol avec fermeté, le flanc gauche toujours un peu en saillie donnent la facilité de se mouvoir dans sa position, de la bonne position dépendant tous les différens points de l'art du boxeur, l'*attaque*, la *parade*, la *riposte*, la *retraite*, le *contre double* ou *simple*, ainsi que nous le démontrerons plus loin.

La théorie se divise en trois catégories, l'ancienne, d'après la manière de Mendoza; la seconde, d'après la méthode de George Head; et la troisième, d'après le système actuellement adopté à Londres. Je vais commencer par l'ancienne théorie qui consistait dans la parade et la riposte.

# Ancienne Théorie.

L'espace nécessaire pour une lutte de boxeurs
est de 24 pieds carrés. Dans cet espace on peut
se donner carrière pour toutes les marches et
contre-marches, mouvemens en avant et en arrière
pour l'attaque et la retraite, et enfin toutes les variétés d'agression ou de défense que la science
enseigne. Cet ouvrage ne s'adressant point à des
boxeurs de profession qui exercent d'ordinaire
dans des localités destinées à cet usage, je dois
prévenir les lecteurs qui ne demandent à notre
art qu'une protection contre des attaques inopi-
nées, que plus l'espace est restreint, plus la garde
doit être ferme et assurée, plus l'œil doit être
actif et vigilant. La fermeté du regard est un
point sur lequel je ne saurais trop insister, puis-

qu'en même temps qu'il nous révèle les inten
tions de notre adversaire, le regard, par une espèce de jaculation magnétique, exerce sur lui
un pouvoir fascinateur.

La planche n° 2 représente la parade avec le
bras droit d'un coup porté par le bras gauche.
Cette parade s'exécute en élevant le bras environ
6 pouces dans la ligne du front, le coude à peu
près à hauteur de l'oreille. Les bras forment
une ligne oblique qui offre un moyen plus sûr de
détourner le coup. Au moment de la parade, la
tête doit s'incliner légèrement sur le bras, ce qui
la protége mieux, et permet à l'œil d'observer,
sous la garde, le mouvement de l'adversaire.
L'œil, je le répète, doit être constamment fixé
sur celui de l'adversaire; car c'est là que l'on
peut deviner son intention et non dans les mouvemens de ses poings ou de son corps. La partie
plane du poing fermé doit être dirigée vers l'adversaire, et après avoir paré du bras droit, vous
ripostez instantanément du bras gauche, que vous
avez eu soin de tenir ramené vers l'épaule gau-

2

che pour donner plus de force à la détente. Il faut que l'adversaire soit bien sur ses gardes pour que cette riposte n'ait pas son effet.

Dans l'attaque ou la riposte, le coup doit toujours être porté en ligne directe à partir de l'épaule, le corps un peu en avant et le genou gauche légèrement fléchi, sans cependant se laisser entraîner hors de sa position, ce qui vous livrerait à la merci de votre antagoniste en vous ôtant tout moyen défensif. Se laisser emporter par son élan ou son poids est un écueil contre lequel on ne saurait trop se prémunir. Pour l'éviter, il est essentiel de bien connaître sa portée et juger sa distance. On y arrivera en s'exerçant fréquemment à porter des coups droits, en proportionnant sa force d'impulsion aux besoins de l'équilibre. Un coussin ou un autre corps non résistant, placé à hauteur d'homme, peut servir de plastron pour cet exercice, qui, répété trois ou quatre fois par jour pendant dix minutes environ, doit produire d'excellens résultats. On se sert souvent, pour plus d'effet, d'instrumens en fonte appelés *dumb-*

*bells* qui par leur poids ( 4 ou 5 livres environ ), ont le double effet d'assurer l'aplomb du corps et de donner aux muscles force, souplesse et développement.

Les coups que nous venons de décrire s'appellent parade et riposte *(stop and return)*.

Je recommande d'éviter de frapper obliquement. On a vu des boxeurs perdre des combats par cette seule faute, qui expose à se fouler ou se briser le poignet ou la main contre le coude de l'adversaire, comme on en cite de fréquens exemples. Tenez le poing ferme mais sans le contracter avec effort, ce qui, en épuisant les muscles, ôterait au bras sa puissance de percussion. Le pouce doit couvrir le médium et toucher l'annulaire; car s'il reste levé ou mal fermé, outre qu'on peut se blesser, le poing n'a pas la même solidité. Une foule de pugilistes se sont estropié les mains à porter des coups en dehors des règles, c'est-à-dire en revers ou en fauchant, etc., etc. Mieux vaut s'abstenir de frapper que de le faire avec le dos de la main, puisque d'une part le coup n'a guère de puissance, et d'autre part il y a chance probable de s'estropier et de perdre le combat. Les coups droits sont incontestablement plus violens, en ce qu'ils s'aggravent de tout le poids du corps. Si votre attaque réussit, il est probable que votre adversaire tombera, ou sera vivement ébranlé. Dans ce dernier cas, ne manquez pas de profiter de votre avantage, et de réitérer les attaques avec rapidité avant qu'il ne recouvre sa position. Ne vous arrêtez pas qu'il ne soit tombé, mais prenez bien garde de ne pas le frapper à terre, sous peine d'être honni et mis hors de lutte. En portant le coup du bras gauche, le droit doit tenir une garde élevée (à moins que l'on n'adresse un double coup, gauche et droit, *une, deux*), car votre adversaire est également à même de riposter après la parade de votre coup gauche. Mais à ce point de la théorie, je recommande l'emploi du double coup comme ayant plus de chances de succès.

Quelques boxeurs se sont acquis un certain renom par l'usage du saut en arrière pour esquiver le coup. Je n'approuve pas ce système dont je ne vois vraiment pas l'utilité. Vous esquivez le coup, j'en conviens, mais par l'effort du saut en arrière, vous vous fatiguez et vous perdez la vivacité, l'énergie, l'à-propos de la riposte. La parade de pied ferme est bien préférable.

Si votre adversaire adresse le double coup, gauche et droit, vers la tête, parez-les du bras droit et du bras gauche, et ripostez du bras droit. Mais il peut en diriger un des deux au corps, et c'est le cas où la promptitude du coup d'œil peut seule nous faire connaître la partie qu'il faut protéger. La seconde théorie nous enseignera la manière de nous garantir de ces attaques; mais puisque nous développons ici le système de l'ancienne école, nous devons, quant à présent, nous borner aux moyens alors en usage.

Je rappelle que, pour l'attaque, vous devez fléchir légèrement le genou gauche, et le genou droit dans la parade, en tenant le pied tourné un peu en dehors. Bien que, ainsi qu'on le verra par la suite, les parades aient été suppléées pour la plupart des cas, il est des occasions où il est indispensable d'y avoir recours. Dans un espace resserre, ou bien quand vous êtes acculé dans un coin ou contre un obstacle immobile qui s'oppose à la retraite, il faut absolument recourir à la parade et à la riposte.

Dans un petit espace, l'ancien système offre peu de ressources contre un homme de force et de taille supérieures, puisqu'il est à croire que la pesanteur de son coup abattra votre garde. En effet, il y a déraison à supposer qu'un homme pesant 9 stones (1) triomphera, dans un espace borné, d'un autre qui en pèse 12 ; mais j'affirme que, dans un espace convenable, le plus petit battra le plus grand s'il lui est supérieur dans l'art de boxer.

Avant d'en venir aux mains, il faut toiser rapidement votre adversaire, juger sa hauteur et son poids, ainsi que le lieu du combat, pour combiner vos moyens en conséquence. Si vous avez

______

(1) La *stone* pèse douze livres et demie.

affaire à un homme plus grand que vous, gar-
dez-vous d'aventurer vos attaques. Attachez-
vous à entrer le plus possible dans sa garde en
avançant graduellement le pied gauche. De cette
manière, vous neutralisez la différence de longueur, et vous pouvez frapper avec force et succès,
puisqu'en rapprochant votre portée vous raccour-
cissez celle de votre antagoniste dont les coups
perdent leur force faute d'espace pour se développer. Mais si l'emplacement a de l'étendue, je con-
seillerais de garder, autant que possible, la défensive, d'après la théorie perfectionnée que nous allons faire connaître.

3

# Nouvelle Théorie.

*Retraite* (Retiring).

La planche n° 3 représente la retraite du corps remplaçant la parade, ainsi que l'enseigne la théorie moderne. Ce systême étant essentiellement d'une nature défensive, demande de l'espace qui permette de jeter en arrière la partie supérieure du corps. Je l'ai dit, la défensive est toujours une attitude et une habitude avantageuses; elle convient également au boxeur grand ou petit, car celui qui fait tous les frais d'attaque ne tarde pas à s'épuiser. Tenez votre adversaire le plus que vous pourrez sur l'offensive; il sentira bientôt tout le désavantage de frapper dans le vide, et rentrera dans l'immobilité pour reprendre haleine. Mais il faut avoir bien soin que le mouvement de retraite soit assez développé pour n'être pas atteint. Une fois dans cette position défensive, attendez patiemment l'attaque de votre adversaire, qu'elle soit du bras gauche seulement, ou gauche et droit que nous appelons *une*, *deux*. La retraite se fait en fléchissant le genou droit et tendant le genou gauche de manière à renverser la tête et le corps hors de la portée de l'adversaire, tenant le bras gauche pour parer le corps comme l'indique la planche n° 4. Cette parade du corps (*body-guard*), s'opère en tenant le coude rapproché de la hanche et en couchant l'avant-bras le long du corps de manière à protéger le creux de l'estomac. Dans cette position, le bras se trouve placé carrément; la poitrine est à découvert, mais au point de vue *pugilistique*, un coup dans cette région est sans conséquence, en ce qu'il ne peut guère mettre un homme hors de combat. Si votre antagoniste essaie d'entrer dans votre position

par un élan qui rompt la sienne, évitez alors l'attaque par un petit saut en arrière sans perdre votre équilibre : son coup n'arrivera pas ; vous ripostez immédiatement du bras droit, et cette riposte réussit infailliblement s'il a forcé sa position. Dans le cas où il aurait frappé en conservant sa position, il est en mesure de se remettre avant votre riposte. Alors chacun des champions garde ses avantages, puisque, de part et d'autre, il n'y a pas eu de faute commise. La distance à observer pour la retraite se calcule d'après la portée de l'adversaire; c'est ce que la pratique seule peut enseigner.

Dans l'attaque, ayez soin de ne pas vous laisser emporter par l'élan ou le poids du corps, car, si votre adversaire fait le temps de retraite que je viens de conseiller, vous perdez l'équilibre et vous recevez sa riposte. Une fois hors de votre position, il est certain que vous êtes également impuissant pour l'offensive ou la défensive; c'est alors le cas de serrer de près son antagoniste et d'essayer de le renverser, ce qui dépend de votre habileté comme lutteur (1). A défaut de cette ressource, on n'en a pas de meilleure que de le laisser tomber (cela se fait en assaut), puisqu'il y a déshonneur à frapper un homme à terre.

Ne vous laissez pas serrer dans les coins, donnez-vous, autant que possible, de l'air et de l'espace. Dans le temps de retraite, il faut préparer le bras droit pour la riposte en le ramenant vers l'épaule, dont il ne saurait être trop rapproché, pour donner à la riposte toute la vîtesse, toute l'énergie nécessaires. Après l'attaque ou la parade, ne laissez jamais tomber vos mains au-dessous de la ceinture, ce qui les rend inutiles.

Si l'adversaire dirige à la tête un seul coup du poing gauche que vous évitez par une légère

---

(1) Dans la lutte corps à corps vous vous attachez à saisir du bras gauche le cou de votre adversaire, et à le renverser sur votre hanche gauche qui vous sert de point d'appui pour le faire basculer. Ce coup s'appelle le *croisé des hanches* (cross-buttocks), parce que, en effet, les deux corps forment alors une espèce de chevalet.

retraite, vous pouvez riposter également du bras gauche, mais c'est un coup chanceux, en ce qu'il peut vous frapper au corps, laissé à découvert par la position du bras mis en mesure de riposter. Je préfère couvrir le corps comme pour parer *une*, *deux*, et riposter du bras droit.

Si vous choisissez la défensive, ne laissez pas trop approcher votre adversaire, tenez-le à distance convenable, mais si votre intention est d'attaquer, entrez hardiment dans sa garde afin de donner plus de portée à votre coup.

Pour bien comprendre la différence qu'il y a entre la parade et la retraite, selon la première et la seconde période du pugilat, observons que, dans le premier cas, votre bras gauche en parant donne à l'adversaire un point d'appui qui le soutient et le met à même de parer votre riposte, tandis que dans la retraite, dérobant votre tête et votre corps, vous l'attirez dans le vide, et son équilibre perdu le livre à votre pouvoir.

Si vous avez affaire à un homme beaucoup plus grand que vous, il y aurait imprudence à prendre l'offensive. Virez, tournez autour de lui pour garder votre liberté d'action et faites des retraites en évitant les coins et les obstacles. C'est le moyen de le réduire, par la fatigue, de porter des coups qui n'arrivent pas; mais s'il est parvenu à vous acculer dans un coin ou contre un obstacle qui empêche la flexion en retraite du genou droit, il faut alors parer ou attaquer de suite par *une*, *deux* (d'après l'ancienne méthode, voir page 37), de manière à vous dégager le plus vîte possible. Quand vous avez retrouvé l'espace, vous continuez d'après le même principe jusqu'à ce que vous ayez réduit la force de votre adversaire, et ce moment venu, vous reprendrez l'offensive; c'est ce qui s'appelle *amener un homme à son propre poids*. Mais si à l'avantage du poids il joint celui de la vîtesse et d'une agilité qui déconcerte cette tactique, il faut recourir au dernier perfectionnement qu'enseigne la troisième période de l'art, je veux dire le *contre simple*.

Si votre antagoniste, par excès de prudence, s'obstine à ne pas attaquer, attirez-le par une feinte du bras gauche qui réussira bien souvent ; cette feinte décidera probablement sa riposte immédiate du bras gauche, que vous vous êtes disposé à éviter par une retraite ; son élan l'entraîne en avant et votre riposte est assurée.

Rappelez-vous qu'en adoptant l'offensive, vous laissez à l'adversaire tous les avantages de contrecarrer vos intentions. Je conseille donc, en me résumant, de s'en tenir à la défensive toutes les fois que, dans un espace suffisant, vous avez affaire à un homme plus grand que vous, et qui ne possède pas le coup de *contre*. Mais si c'est vous qui avez l'avantage du poids, et que l'espace soit restreint, mettez en œuvre votre supériorité de force et prenez hardiment l'offensive, car le poids doit triompher.

### Le Contre Simple.

La planche n° 4 représente la meilleure position pour donner le coup de *contre* indiqué par le système actuel. Pour être porté avec succès, ce coup exige deux qualités bien essentielles dans le pugilat, confiance parfaite et coup-d'œil rapide. Pour disposer ce mouvement, il faut fixer le poing gauche à l'épaule avec fermeté et tenir le poing droit un peu plus bas que d'ordinaire. Cette attitude, qui semble laisser la tête en prise, est une tentation bien forte pour votre adversaire. Il s'empresse de vous attaquer, et au moment où il lance son coup du bras gauche vers la tête, moment qu'il faut bien saisir, vous l'arrêtez vivement du même bras par un coup direct, en inclinant la tête à droite pour éviter le sien. Il est bien entendu qu'en ce cas l'initiative doit venir de l'adversaire, et si l'on observe bien mes instructions, on est sûr de donner le coup de *contre* avec succès. Pour le lecteur non initié, cette théorie peut avoir quelque chose d'étrange, mais l'explication qui va suivre éclaircira parfaitement la question.

Voici comme les choses se passent : votre adversaire fait les frais de première attaque; il s'anime et s'apprête à vous asséner un coup

vigoureux en y ajoutant l'impulsion de tout
son poids. Il ne prévoit que la possibilité d'une
parade, mais vous, profitant de la déviation qui
résulte nécessairement de sa force d'impulsion,
vous l'arrêtez par un coup droit parti rapidement
de l'épaule et qui arrive à sa destination, une frac-
tion de seconde plutôt que celui de l'adversaire.
Ce coup de *contre* n'exige pas beaucoup de force,
et pourtant quand il est donné dans les règles,
il est si rapide, que le spectateur peut à peine le
saisir, et si violent, qu'il se révèle aussitôt par
ses effets. On sait qu'un coup augmente en violence, si on porte le corps en avant sur le genou
gauche en l'assénant : bien que le *contre* puisse se
passer de cette force additionnelle, on fera bien
de l'employer pour rendre la punition plus sé-
vère. Il arrive par fois que les deux champions
portent le coup simultanément et le reçoivent
tous deux fort rudement; cela peut dériver de
deux causes, de la lenteur du *contre*, ou bien de
la différence dans la longueur du bras. Pour éviter cet inconvénient, il faut incliner la tête sur l'é-

paule droite au moment de la détente du *contre*, de manière que le bras de l'adversaire passe par-dessus votre épaule, tandis que vous arrivez au corps avec une force proportionnée à son poids et à son élan (1).

Trois de ces *contres* convenablement appliqués ont suffi pour décider un succès; en effet, ils ébranlent tout l'organisme de telle sorte que celui qui les reçoit perd l'usage de ses ressources et l'avantage de sa science. Je fais observer ici qu'il y a faute de jugement à attaquer par *une*, *deux* un tireur de *contres*, en ce que l'exécution de cette attaque vous livre presque à coup sûr aux chances du *contre*. On l'évite quelquefois en baissant la tête en avant, ou du moins on le reçoit alors sur le crâne. L'expédient est bon si l'on est sûr de l'employer à propos, mais les chances

---

(1) **On** attribue à A. Noon l'invention de l'inclinaison de tête pour neutraliser ce coup; mais nous pourrions peut-être nommer un inventeur moins moderne de cet heureux **expédient**.

sont généralement négatives, outre que vous vous exposez à un coup assez redoutable (*le coupé-dessous*) que nous expliquerons plus tard.

On peut voir le mérite du *contre* par rapport au *parer* et *riposter* de l'ancien systême. La *riposte* qui suit la *parade*, ou bien celle qui suit la *retraite* n'a qu'une seule force, atténuée encore par le choc du coup paré dans un cas, et par le mouvement rétrograde dans l'autre, tandis que dans le *contre*, il y a double force, celui qui le reçoit, rencontrant à la fois l'impulsion de son adversaire et celle de son propre élan. Pour faire mieux sentir son efficacité, ajoutons que le *parer-riposter* ou la *riposte* après *retraite* forment deux temps, et le *contre* n'en fait qu'un, parce que votre coup part au même moment que celui de l'adversaire, et que l'inclinaison de tête sur l'épaule droite tient lieu de parade. Il est donc vrai de dire que vous obtenez ainsi un double effet en moitié moins de temps que par l'ancien systême.

Si vous faites une attaque du bras gauche, prenez garde au *contre* dont l'adversaire peut user

4.

aussi bien que vous. S'il néglige de baisser la tête, vous avez toute chance d'arriver, mais n'allez pas commettre la même faute, car la punition est au bout et immédiate. Dans le cas où chacun a *tiré* correctement, l'un *l'attaque*, l'autre le *contre*, c'est-à-dire en inclinant la tête, les deux coups passent par dessus l'épaule. C'est le moment alors de frapper au corps du poing droit et vivement, car chacun des champions est à même d'en user, et c'est le plus vite qui a raison. Si ni l'un ni l'autre n'a saisi cette occasion, il faut alors se remettre en position par une retraite ou un léger saut en arrière, et se tenir prêt à attaquer de nouveau. Si l'adversaire fonce sur vous, partez du bras gauche, et votre coup aura un égal effet après une riposte mal dirigée du bras droit.

Si vous voyez que le *contre* ne réussisse pas (1),

---

(1) Il y a moyen de neutraliser le *contre* par une feinte qui peut induire l'adversaire à le lancer, auquel cas, il se trouve court, et vous avez jour à une double riposte avant qu'il n'ait repris sa position.

renoncez-y pour quelque temps ; car il est inutile de viser continuellement à la tête, si on vous la dérobe toujours. Il faut alors user d'autres ressources, *la retraite*, *le coupé-dessous*, ou la parade simple jusqu'à ce que, reprenant la position de tête verticale, ce qui ne peut tarder chez un boxeur de second ordre, il vous donne lieu de reprendre vos coups de *contre*. Mais si vous le voyez toujours en défiance sur ce point, tenez-vous-en à *vos feintes d'attaques*, au *coupé*, avec de légères retraites. Cette tactique le contraindra bientôt à garder la ligne verticale, et quand vous vous contenteriez du temps de retraite sans tenter le *coupé*, vous aurez toujours l'avantage de réduire les forces de votre adversaire. S'il tire au corps du bras gauche et vous un *contre* (à la tête, bien entendu, le *contre* ne s'adressant jamais ailleurs), votre *contre* manqué, vous êtes touché probablement, puisque la seule parade serait l'avant-bras droit. C'est le seul danger auquel vous expose l'usage du *contre*, et encore ce danger n'est-il à redouter qu'avec un boxeur habile et qui possède le secret du dérobé de la tête Il est vrai qu'instinctivement un individu peut diriger tête basse un coup au corps, mais comme le coup est porté sans jugement, il est rare qu'il soit d'un grand effet.

Avec un antagoniste d'un poids très-supérieur, n'allez pas faire usage du *contre* dès le début. Faites plutôt des temps de retraite ou même des sauts en arrière pour éviter un choc violent: vous le fatiguez par cette manœuvre, et quand vous voyez qu'il se ralentit, vous tirez vos *contres*.

Dans les écoles de boxe de Londres (1), on use d'un coup appelé *double contre*. Je vais l'expliquer, mais je commence par dire qu'il convient mieux en assaut qu'en combat sérieux, en ce qu'il a bien moins de puissance que le *contre simple*. De plus, le *contre simple* vous laisse une main libre pour le *coup au corps* ou le *coupé*

---

(1) L'école ou salle de boxe d'Alex. Reid est celle de tous les professeurs de Londres où l'on enseigne la meilleure théorie.

tandis que le *double contre* emploie les deux mains à la fois, l'une qui porte, l'autre qui pare. Donc votre force se trouve divisée, mais, comme après tout, ces deux coups ont un effet marqué, je laisse à mes lecteurs le soin de juger celui qui mérite la préférence.

Passons maintenant à l'explication du *double contre* (1).

### *Le Double Contre* (Double Counter).

Ce coup, dont l'objet est de neutraliser le *contre simple*, se fait par une attaque du bras gauche avec parade simultanée du bras droit couvrant la tête, qui se rapproche du coude, l'œil en dessous de la garde. Si votre adversaire fait le *contre simple* sans dérober la tête, votre coup arrive, tandis que le sien est arrêté par votre

---

(1) Je crois que ce coup est dû à Noon et Owen Swift, qui s'en avisèrent au temps où, jeunes garçons, ils fréquentaient les salles de boxe de Londres.

garde ; mais s'il incline la tête, comme tout bon tireur de *contres* doit faire, votre *double contre* échouera ; il passera par dessus son épaule, et son coup tombera encore sur votre garde, comme de raison. Il n'y aura donc rien de fait de part et d'autre, mais, pour faire voir la supériorité du *simple* contre le *double*, ainsi que je l'ai déjà signalé, je prie d'observer que, pour le *double*, les deux mains sont employées à la fois, l'une pour frapper, l'autre pour parer, tandis que le *contre simple*, n'occupant qu'une main, laisse la droite au corps prête à porter un nouveau coup. Cela démontre, à mon avis, qu'il y a lieu de donner la préférence au *contre simple*.

Nous terminerons la théorie de la troisième période par l'explication d'un dernier moyen qui s'emploie contre ceux qui esquivent *les contres* en baissant la tête. Ce moyen, c'est le coupé dessous, que nous appellerons *le coupé* (1), puisqu'il n'y a

---

(1) Nous traduisons ainsi le mot anglais *upper-cut,* qui signifie littéralement *coupé en haut*

pas de coupé dessus qui puisse amener une confusion.

### Le Coupé (Upper-cut).

Dans toutes les instructions qui précèdent, j'ai eu bien soin de prescrire à mes lecteurs de tenir l'œil toujours ouvert sur les mouvemens de l'adversaire, car, négliger ce point, c'est s'exposer à perdre toutes les occasions qui se présentent et tout à-propos. C'est surtout dans le cas où l'on vous porte un coup en baissant la tête, qu'une distraction du regard vous ôte toute chance de lancer le *coupé*. Pour le faire utilement, il faut au moment où votre adversaire baisse la tête, prendre un temps de retraite sur la jambe droite, ou, s'il s'élance en avant, rompre d'un pas en arrière et frapper en relevant avec la surface plane, ou les dernières articulations du poing fermé. Le coupé se donne de la main droite ou de la main gauche, selon l'exigence du moment. Ce coup manque souvent, attendu que comme il n'est pas dans la ligne, la distance est difficile à juger;

mais malgré la dépense de force qui résulte d'un coup mal réussi, il y a intérêt à le risquer, vu la nécessité de contraindre son antagoniste à lever la tête pour rendre efficaces vos coups les plus formidables, *les contres*.

Le *coupé* expose le pouce à se blesser, mais si l'on peut s'emparer de la tête de son adversaire, la saisir à la naissance des vertèbres, et l'assujettir avec le bras gauche, alors on donne plusieurs *coupés* de suite et de terribles. Somme toute, balance faite de ses avantages et de ses inconvéniens, je regarde *le coupé* comme une précieuse acquisition pour l'art de boxer (1).

---

(1) P. Crawley et H. Jones (dit le Mousse) se disputent l'honneur de cette découverte.

# Observations générales.

Au début d'un assaut ou d'un combat, vous vous mettez en position, et vous tournez métho-diquement autour de votre adversaire, vous bornant à quelques feintes du bras gauche en vous attachant à mesurer votre distance. Cette manœuvre a pour but de tâter son homme, d'apprécier son degré de savoir, de manière à régler son jeu en raison de ce que l'on a observé. S'il attaque, vous lui opposez d'abord des parades, puis des retraites, et en dernier lieu des *contres*. Quel que soit le résultat de votre examen, ne perdez pas de vue (et usez-en, le moment venu) que vous pouvez toujours tirer vos *contres* avec succès, plus ou moins. Quand vous vous gardez ce coup comme réserve, il convient d'engager à tout prix votre antagoniste à l'attaque, et plus il la fera impétueuse, plus votre *contre* sera terrible et fatal pour lui.

Economisez vos forces autant que possible, et si vous vous heurtez une main douloureusement, cessez de frapper de cette main, et tenez-vous sur la défensive jusqu'à ce que la souffrance soit dissipée, dissimulant ce petit échec de votre mieux. Avec un adversaire inhabile, il n'y a pas de mal à prendre l'initiative de l'attaque, s'il n'est pas de proportions trop supérieures. Si vous lui trouvez un endroit plus ouvert, plus vulnérable, n'abusez pas de cet avantage, n'insistez pas; variez plutôt vos moyens, et de temps à autre revenez au point réservé. Par là, vous le tenez hors de ses gardes, tandis qu'en le frappant toujours au même endroit, vous lui donnez l'éveil, et il finira par garantir son côté faible et vous ravir çet avantage. S'il se précipite avec furie, attendez de pied ferme, usez du *contre* de préférence à tout autre coup. Si vous recevez un coup de nature à vous étourdir, ne faites pas la faute de vous jeter en avant et de perdre votre sang-froid; car vous ne pourriez ainsi qu'aggraver votre position. C'est le cas au contraire d'agir avec calme, de remettre ses esprits en *rompant* (1) sans désordre pour reprendre bientôt tous ses avantages. J'ai vu maint exemple de boxeurs, artisans de leur propre défaite, succombant, presque sans coup-férir, épuisés par la violence d'élans mal dirigés.

La *pratique* n'est pas moins nécessaire que la *théorie*, si elle ne l'est pas davantage. Bien des gens se figurent que quelques semaines de leçon vont les mettre au niveau des professeurs, et ils sont mécontens de leur maître quand il leur arrive d'être touchés : cela n'est pas raisonnable. Je pense que tout élève doit se montrer satisfait lorsqu'après trois mois de leçons il possède à

---

(1) Rompre, c'est-à-dire jeter le corps en arrière ou reculer méthodiquement selon le besoin, en anglais, *retreat.*

fond la *théorie*, et se sert correctement de *l'atta-*
*que*, de la *parade*, des *retraites* et des *contres*.
Combien trouvera-t-on de maîtres d'escrimes qui
se piquent de faire un tireur en douze mois? Eh
bien! j'ai la certitude qu'avec une application
raisonnée de mes principes, je puis, en deux mois
et demi, former un boxeur de moyenne force.
Pour arriver à la perfection, il faut du temps, de
la pratique, et d'heureuses dispositions : dans tous
les arts, toutes les professions, tous les métiers,
on ne peut exceller qu'à ce prix.

Je recommande bien au professeur comme à
l'élève d'insister sur les commencemens, de mar-
cher pas à pas dans l'étude de la théorie, de dé-
composer lentement tous les mouvemens, tous
les coups. C'est le moyen d'obtenir un jeu sûr
et régulier. La vitesse viendra progressivement;
la confiance, sans laquelle les coups n'ont ni puissance, ni portée ; les retraites et les parades ni
justesse ni à propos, la confiance, dis-je, est un
point capital, une condition souveraine pour bien
boxer; mais la confiance, c'est le courage, et le

courage ne s'enseigne pas. Je me trompe, il s'enseigne par l'exemple, et les exemples fourmillent
dans la nation généreuse et hospitalière à qui ce
petit ouvrage est destiné.

# Exercices pour l'Entraînement.

*Régime à suivre pour se préparer à des travaux
ou tours de forces gymnastiques.*

On a beaucoup écrit sur les règles de *l'entraînement*, et les auteurs sont d'avis différens en
bien des points. Parmi les traités sur cette ma-
tière, celui du capitaine Barclay tient le premier
rang. J'estime néanmoins qu'il soumettait les su-
jets à des épreuves trop sévères. Prenons pour
exemple *Cribb* mis en *train* (prononcer traine)
pour son combat avec *Molyneux*. Eh bien! il est
évident qu'il était dans un état de *train* exagéré,
grace à des exercices dont il n'avait pas l'habitude.
Mon avis est qu'il faut d'abord prendre en grande
considération le régime et le travail habituels des

individus. Un homme de Birmingham, appelé *Hammer-Lane* (boxeur de l'école moderne), s'entraînait toujours par des travaux de sa profession; il était forgeron. Il trouvait que ses forces et sa santé y gagnaient. C'est un fait que l'on voit des boxeurs ou coureurs campagnards se présenter en meilleure condition que nos athlètes de Londres : la pureté de l'air y est sans doute pour beaucoup. Mais, faisant la part des écarts de régime auxquels tout le monde est plus ou moins sujet, il arrive presque toujours que l'embonpoint et les humeurs sont en excès. Je conseille donc au *pugiliste*, qui doit d'ailleurs être sobre en tous temps, de se purger légèrement avant de prendre ses *quartiers d'entraînement.*

Six semaines sont d'ordinaire le délai accordé pour se préparer à un combat ou à une course. Commencez par prendre une pilule (1) le soir et une médecine noire le lendemain matin, et cela

------

(1) A Blue-Pill.

deux fois pendant la première semaine. Quand vous êtes convenablement purgé, prenez vos *quartiers d'entraînement*. Choisissez une habitation commode à proximité de prairies vastes et accidentées, à quelque distance des villes populeuses. Que vos exercices soient modérés au début pour les graduer de jour en jour sur l'accroissement de vos forces. Si le sujet a mené une vie dissipée, il exige plus de soins, et il est d'usage de lui donner l'assistance d'un *entraîneur*. On appelle ainsi l'homme de confiance chargé de surveiller l'*entraînement*. Son emploi consiste à se trouver constamment près du sujet, à le frotter, le sécher après les suées, etc., etc. Il doit lui rappeler ce qu'il a à faire, ses devoirs envers le public et envers lui-même, étudier son humeur, tenir son esprit en joie, et le garantir de tout sujet d'irritation. Le sujet en *train* doit se lever de bonne heure (6 heures), se laver avec soin, puis prendre un œuf crû ( sans défaire le jaune), dans un demi-verre de bon vin de Sherry (**Xérès**), après quoi il fera une promenade au pas d'environ

deux milles avant l'heure du déjeûner (9 heures).
L'exercice doit d'ailleurs être proportionné au
degré de condition de l'individu. Plus il est chargé
d'embonpoint, plus rudes, plus longues surtout
seront les épreuves. Supposons, par exemple,
qu'au moment de se mettre en *train* il pèse 150
livres (twelve stone), tandis que son poids de
*condition* (1) doit être 137 livres et demi (eleven
stone). Il lui faudra six semaines environ pour
arriver graduellement à son point et sans exercices violens. Après déjeûner, il fera une promenade de deux milles (3 kilomètres environ), entre-
mêlée de petites *échappées* de 2 à 300 mètres à
toute vitesse, et terminée par une course d'un
mille pour amener une *suée*, que l'on sèchera immédiatement en se frottant énergiquement avec
une serviette. Après quoi, il se r'habillera et mar-
chera doucement pendant quelque temps. S'il a

---

(1) *État, condition, bonne ou mauvaise condition*, sont
des termes familiers aux amateurs du *sport* ; on en
comprend aisément le sens.

soif, il boira un peu de Xérès coupé d'eau ou un peu de gelée (1). Vers onze heures, il pourra prendre un quart de pinte de vin de Porto aromatisé, ou, s'il en a davantage l'habitude, une demi-pinte de vieille ale (2). Il doit porter constamment dans sa poche un biscuit dur pour prévenir la faim. Souvent même il préviendra la soif en mâchant du biscuit, plutôt que d'user trop fréquemment du vin, de l'ale et autres liquides qui portent à la transpiration et nuisent à l'haleine. Il dînera vers une heure ou à deux si l'appétit n'était pas bien ouvert. Après dîner, un exercice modéré, tel que bêcher la terre, rouler une brouette, lancer le *disque* ou le *palet,* qui est le disque moderne; mouvoir des *dumb-bells* (3) du

---

(1) Cette gelée est un consommé de pied de veau saturé de Xérès.

(2) Nous pensons qu'en France, où la bière est sans grande qualité nutritive, l'*ale* devrait être suppléée par du vin vieux et surtout naturel.

(3) *Dumb-Bells,* littéralement cloches-muettes. Ce

poids de 4 livres chaque, ou enfin choisir le genre d'exercice qui plaît le plus, et qui expose le moins à des efforts outrés ou à des accidens pour la constitution. Il faudra faire encore dans la journée une nouvelle course d'un mille. Si la fatigue cause de la somnolence, on se permettra une heure de sommeil. Le dernier repas aura lieu vers 7 heures du soir, deux heures avant de se mettre au lit. On fera bien de s'abstenir de fumer ou de fréquenter des endroits où l'on fume. Proscrivez de votre régime les spiritueux, le lait, les soupes, tous les ragoûts et les alimens épicés, tels que *puddings*, sauces, assaisonnemens, toutes choses qui épaississent la respiration ou engendrent de la bile. Les repas se composeront de viandes maigres ( le

---

sont deux boules en fonte réunies par une tige ronde du même métal, assez longue pour que la main puisse l'empoigner ; ces instrumens sont particulièrement à l'usage des boxeurs, puisqu'ils donnent force et étendue aux muscles du bras. On en trouve chez Béral, pharmacien, rue de la Paix, à son dépôt de médicament à *base-de-fer* (voir ses *Factures*).

5.

*gras* doit être proscrit comme indigeste et incras-
sant), beefsteaks, côtelettes grillées, gigot rôti, si,
bien entendu on a déjà l'habitude de ces alimens :
mais quel que soit votre mode d'alimentation.
restreignez-le toujours au simple nécessaire. On
se couchera à neuf heures. Une selle par jour
( chaque matin après déjeûner est l'heure
désirable), indiquera que le corps fonctionne
avec régularité. Plus de fréquence procédera
d'excès d'exercices, et alors on les diminuera,
ou du changement de régime, et dans ce dernier
cas, on prendra l'aliment qui tentera le plus,
mais en petite quantité. Pesez-vous chaque jour,
et quand vous êtes au poids voulu, bornez vos
exercices à des promenades légèrement prolon-
gées, sans oublier de continuer les petites courses
rapides (indiquées plus haut), pour entretenir
l'haleine. Évitez de garder de la flanelle humide ;
ayez bien soin au contraire de vous frotter ou
faire frotter, et de changer aussitôt après les
transpirations. L'usage du gruau est bon de temps
à autre pendant la période *d'entraînement*, et par-

ticulièrement avant de se mettre au lit quand le corps est dérangé. Le saut, l'équitation, tous les exercices dangereux doivent être interdits.

Tous les tours de force gymnastiques exigent à peu près le même mode de préparation. Seulement il en faut plus ou moins, selon la tâche qu'on doit accomplir. S'il s'agit d'une course de longue haleine, il faudra multiplier, en les graduant, les courses d'essai ; s'il s'agit d'un assaut de *boxe*, c'est aux *dumb-bells* qu'il faudra demander un plus grand développement de muscles et d'énergie.

Il faut d'ailleurs dans sa conduite et sa manière de vivre se rapprocher de la nature et tenir compte de ses antécédens, de ses habitudes. Dans les campagnes, on donne aux gens en *train* l'ale de préférence au thé après leur repas. Encore une fois, le régime antérieur auquel la constitution est faite, sagement modifié, est toujours celui qui convient le mieux. Le plus vîte coureur d'Angleterre actuel (son train est d'un mille en 4 minutes 45 secondes), ne peut fournir sa course s'il n'a sa nourriture habituelle (*un gâteau et une purée d'avoine*). Sortez-le de ce régime, il perd toute sa vitesse, la viande agit sur ses entrailles et trouble sa santé : il y a une foule d'exemples pareils. Peu d'habitans de Londres pourraient s'accommoder d'une pitance aussi maigre ; mais l'habitude et les variétés de tempéramens sont choses avec lesquelles il faut compter. Avis à vous, messieurs les docteurs ; interrogez vos malades, étudiez bien leur constitution avant de faire vos ordonnances.

Tous les *entraîneurs* anglais interdisent formellement les rapports sexuels pendant l'entraînement ; je ne partage pas cet avis. Je pense que la nature veut être satisfaite sur ce point avec modération et que la privation absolue est plutôt une cause d'affaiblissement. Il faut toutefois ne céder à ce besoin qu'avec circonspection, plus d'une course a été perdue pour l'avoir fait avec excès, et c'est le devoir de l'entraîneur de surveiller le sujet sur ce point : il devrait même toujours coucher dans la même chambre.

On apprécie généralement la *condition* d'un individu par l'aspect de son corps à l'état de nudité : on préfère la maigreur à l'embonpoint; les chairs doivent être fermes, blanches et exemptes d'éruptions. Chaque once de chair au-delà du poids voulu est une chance de défaite en cas de lutte prolongée; aux yeux de quelques personnes, la *condition* entre pour moitié dans l'issue d'un combat.

J'ai dirigé l'entraînement de deux boxeurs célèbres, *Britten* et *Molyneux*, que j'amenai à quelques onces près à leur poids de combat. Ils étaient tous deux si bien en *condition* (constatons aussi qu'ils possédaient leur art à un dégré égal), que la lutte dura quatre heures quinze minutes. Si le nègre (Molyneux) fût venu sur le terrain avec une livre de plus, il n'aurait pas pu, à beaucoup près, tenir aussi long-temps.

Les personnes corpulentes sont sujettes à des maladies ou à des indispositions fréquentes. Cela provient de ce qu'elles mangent trop en raison du peu d'exercice qu'elles prennent. Nos ouvriers

livrés à de rudes travaux et nourris sobrement,
sont dans l'état qui convient à l'individu engagé
pour un assaut de boxe. C'est l'exercice qui donne
le plus ou moins de vitesse, et je maintiens que
tout homme qui n'est pas mal conformé est propre à devenir vite coureur, s'il fait de courir son
exercice habituel. J'en suis moi-même une preuve
positive: à 22 ans, pour courir un mille, je mettais
5 minutes 50 secondes, et je l'ai fait en 5 minutes
15 secondes à 36 ans. Nous avons en Angleterre
un homme âgé de 51 ans, le nommé Towns-
end, qui défie tous les coureurs de la Grande-
Bretagne pour une course de cent milles. A 44
ans, il a battu un coureur de première vitesse pour
aller de Londres à Brighton. Il fit ce trajet (52
milles) en huit heures et demie. Je ne cite ces
exemples que pour donner à nos lecteurs plus
de confiance dans leurs facultés. Lord Byron, qui
joignait au talent du boxeur celui de nageur
aussi robuste qu'habile, puisqu'un jour il tra-
versa l'Hellespont, avait acquis cette supériorité
à force d'exercice, de persévérance et de sobriété.

Le capitaine Barclay, le plus grand piéton d'Angleterre, comme amateur, avait des dispositions à l'embonpoint; il les combattit avec succès par la course à pied. C'est aussi à cet exercice, joint à une vie sobre, qu'eurent recours les capitaines *Parker*, *Tuite* et *Stevens* pour se préserver du même inconvénient, et tout en atteignant ce but essentiel, ils devinrent après Barclay, les piétons les plus extraordinaires qu'il y ait eu. Et il ne faut pas croire que ces exercices tout matériels soient incompatibles avec des occupations plus sérieuses. L'homme de cabinet peut, comme l'homme du monde, distraire quelques heures de sa journée au profit de sa force et de sa santé. Tous deux trouveront dans un exercice salutaire et bien dirigé un surcroît d'énergie, l'un pour ses affaires, l'autre pour ses plaisirs. L'emploi méthodique et alterné de la force physique et de l'intelligence procure ce bien-être si rare et si justement ambitionné, cette heureuse combinaison d'un esprit vigoureux dans un corps robuste : *Mens sana in corpore sano.*

# TABLE DES MATIÈRES.